© 2018 Jemma Goren
Herstellung und Verlag: BoD – Books on Demand, Norderstedt

ISBN: 9783748147206

Bibliografische Information der Deutschen Nationalbibliothek:
Die Deutsche Nationalbibliothek verzeichnet diese Publikation in der Deutschen Nationalbibliografie,
detaillierte bibliografische Daten sind im Internet über http://dnb.dnb.de abrufbar.

60 grafische
Mandalas

Jemma Goren

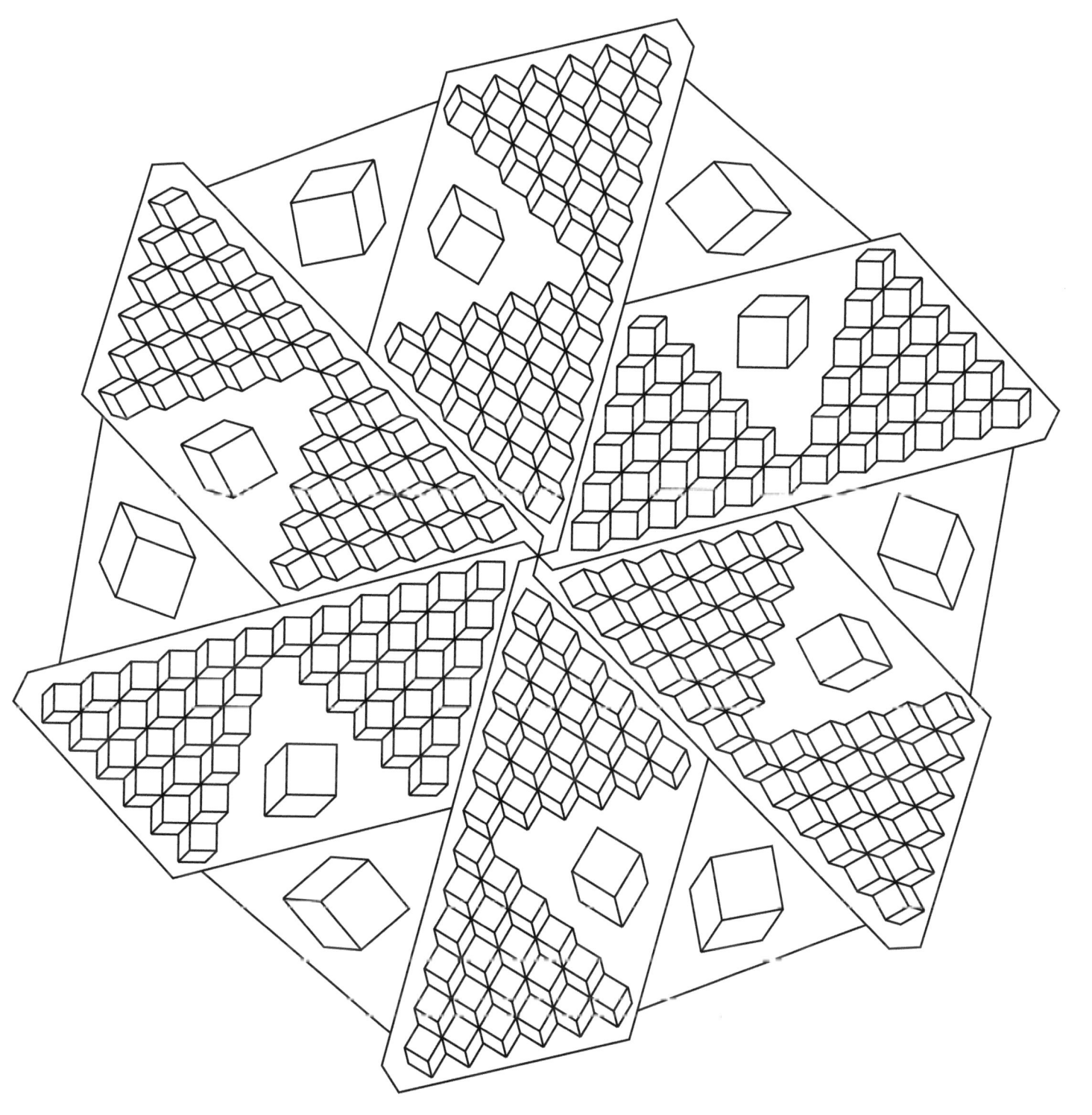

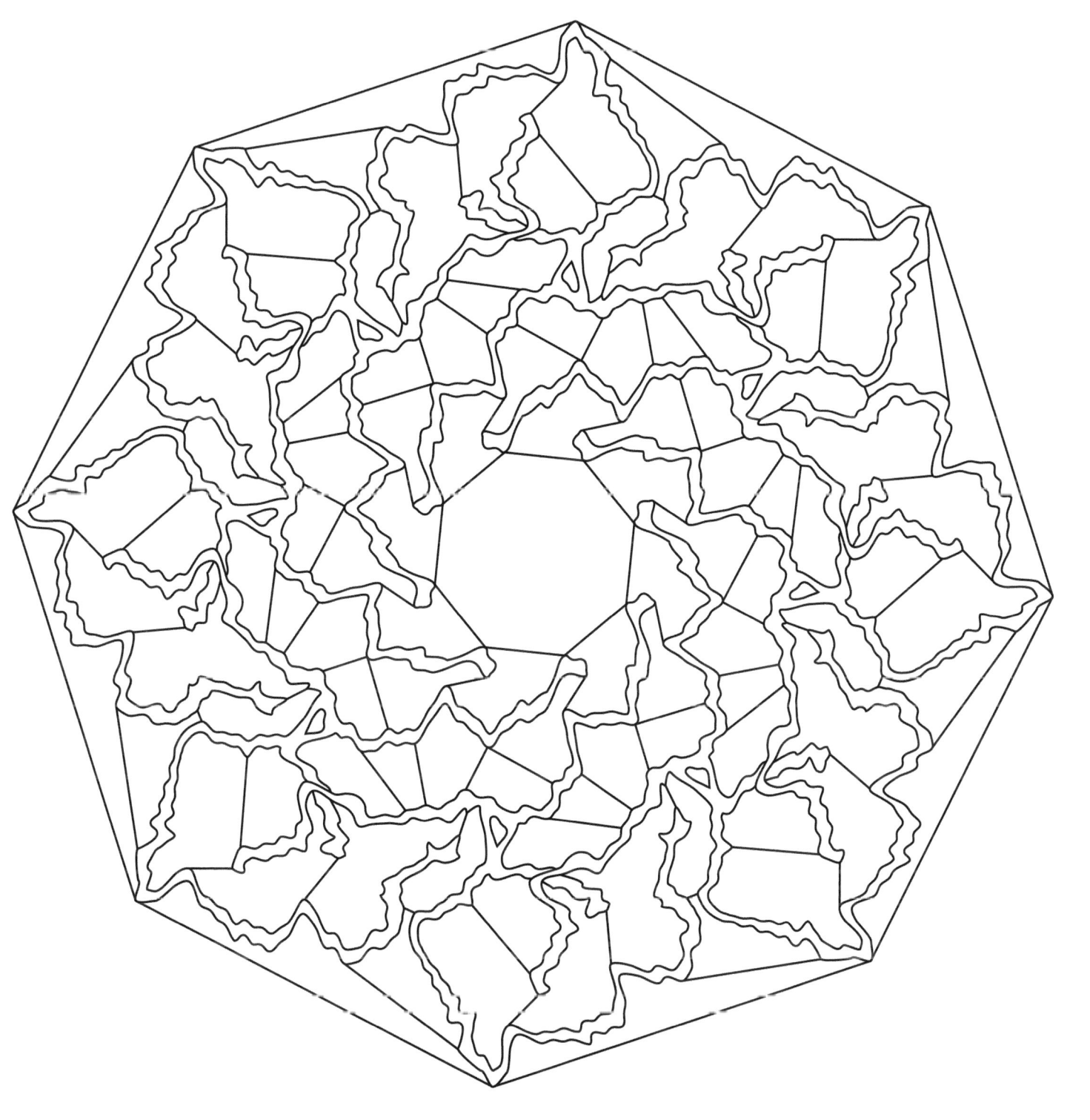

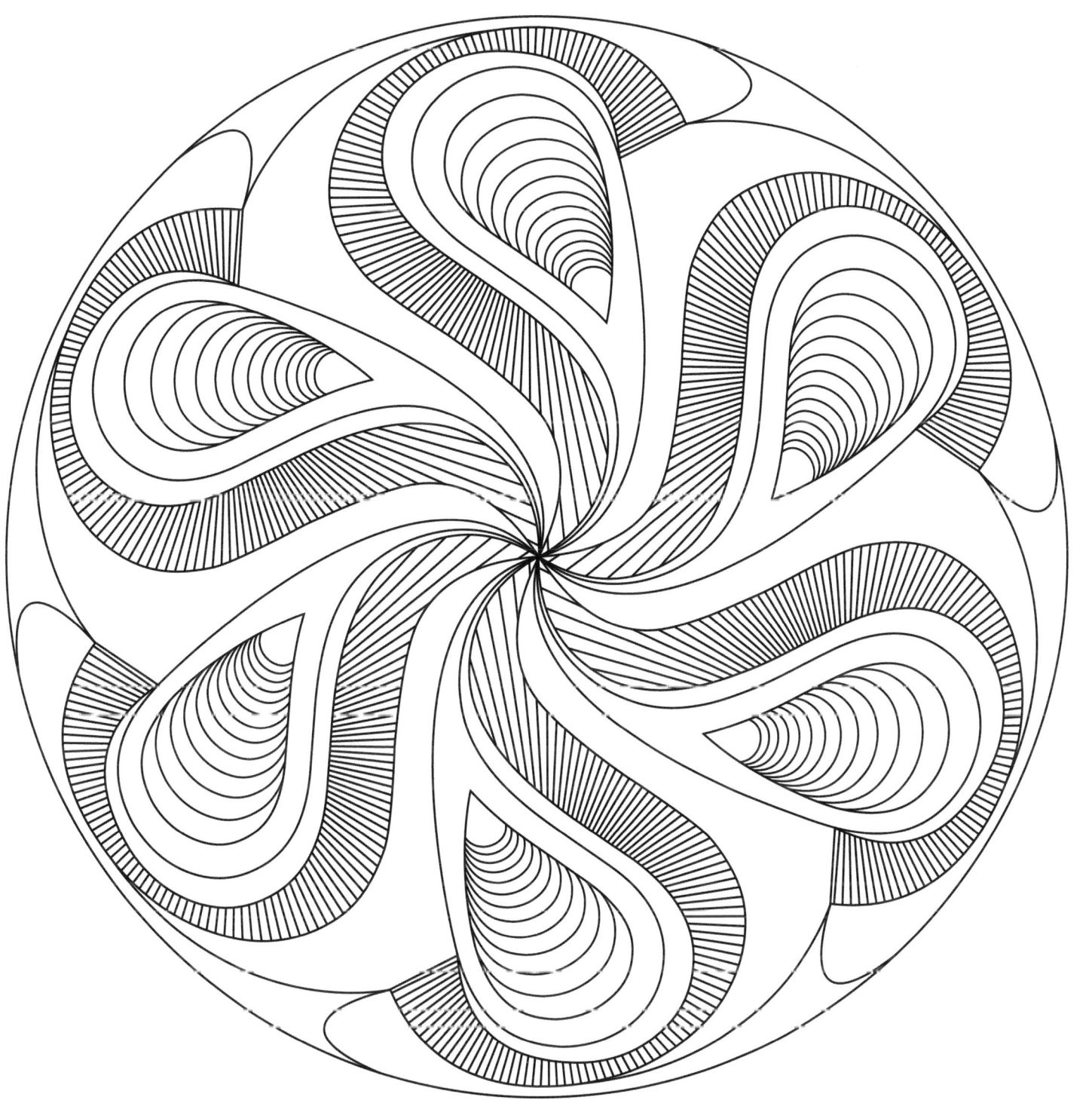

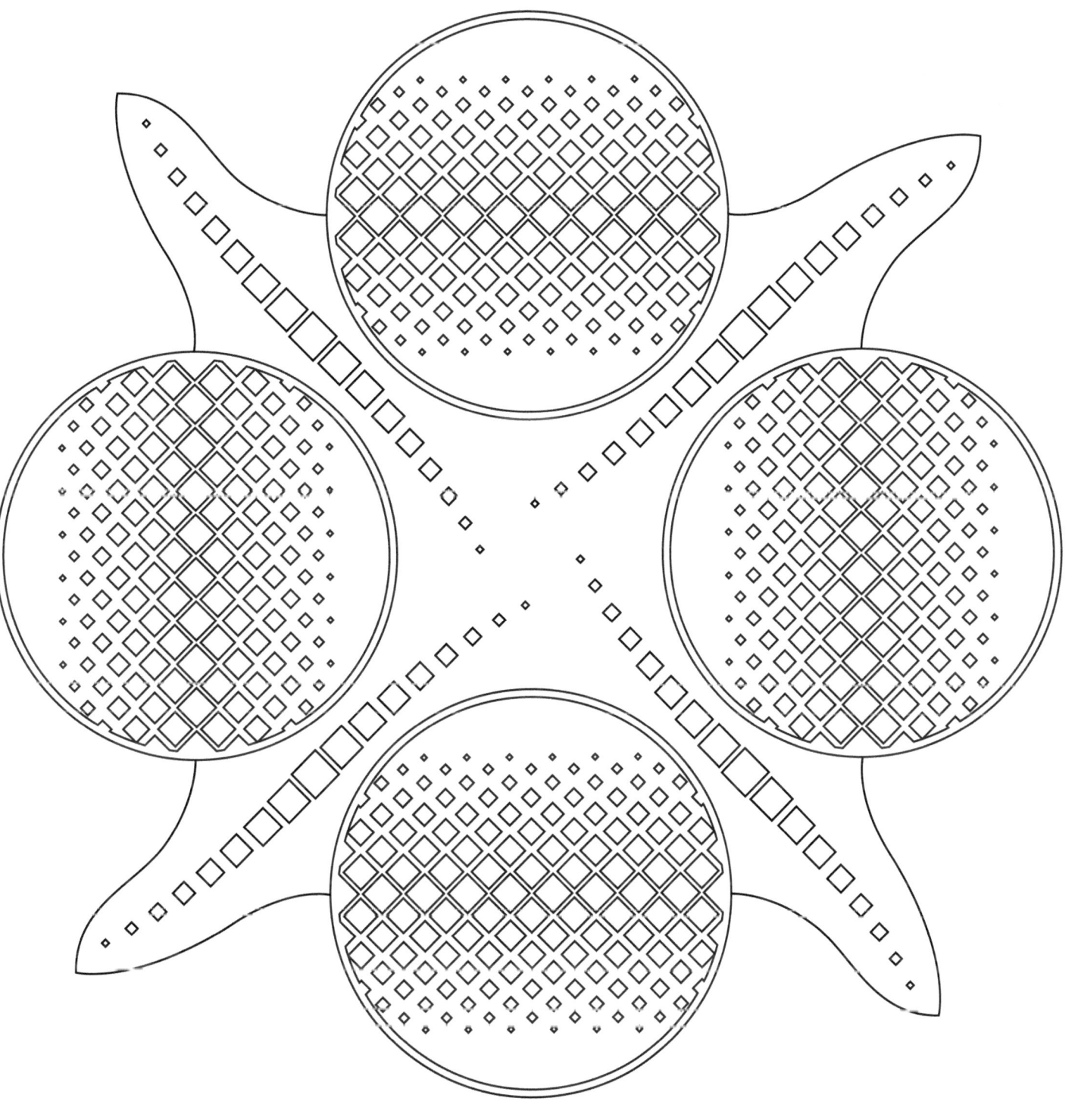

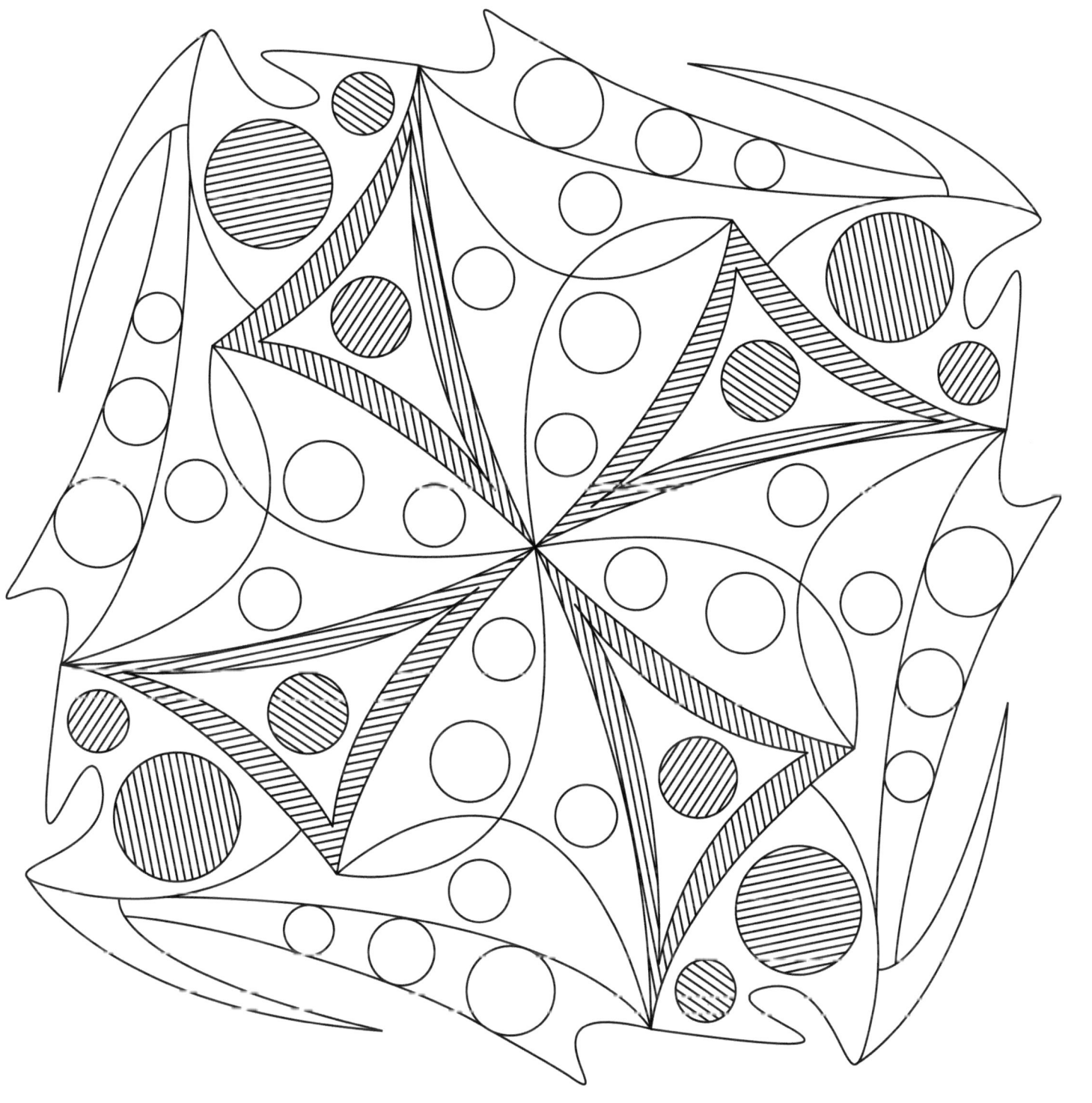

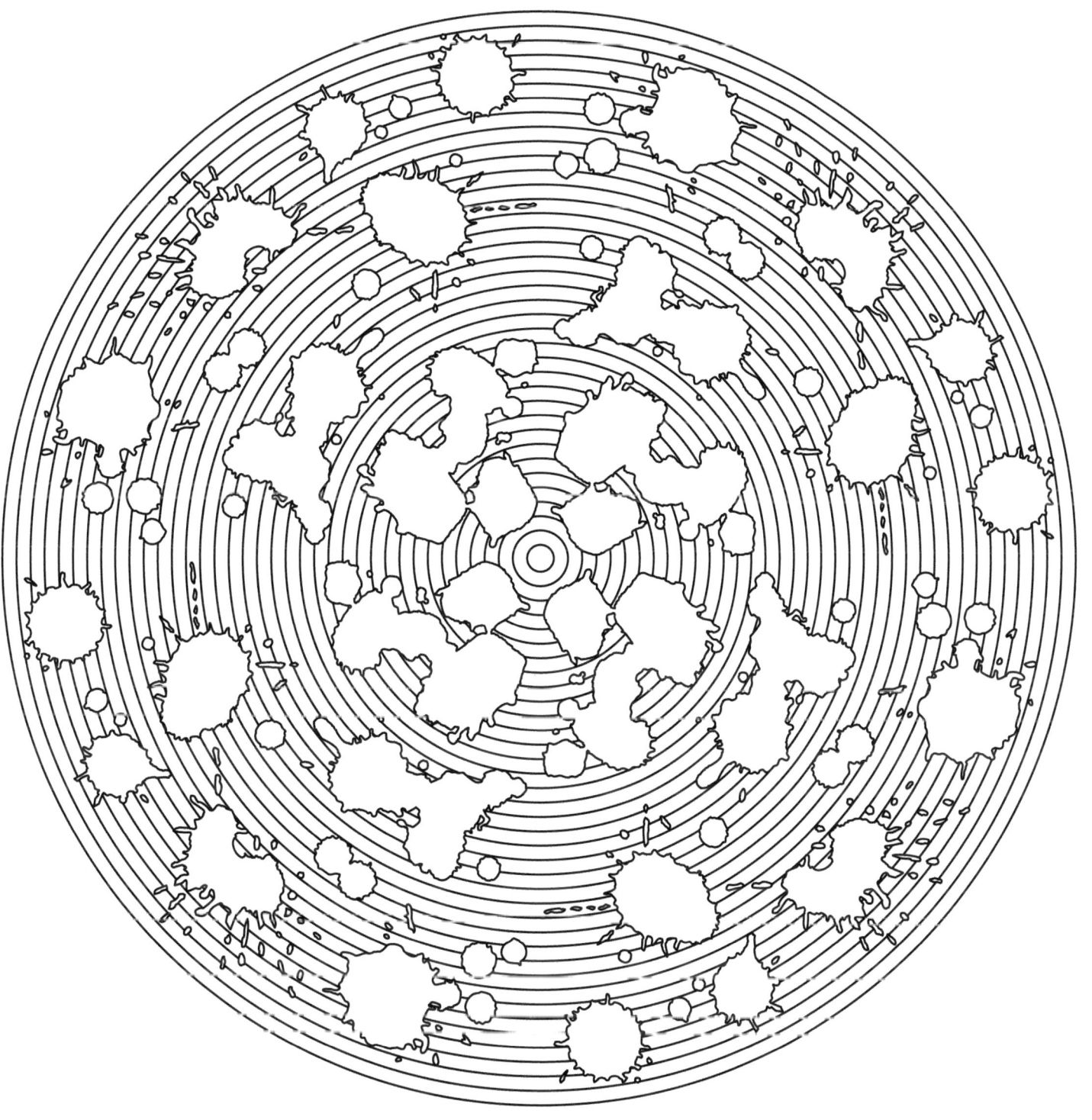

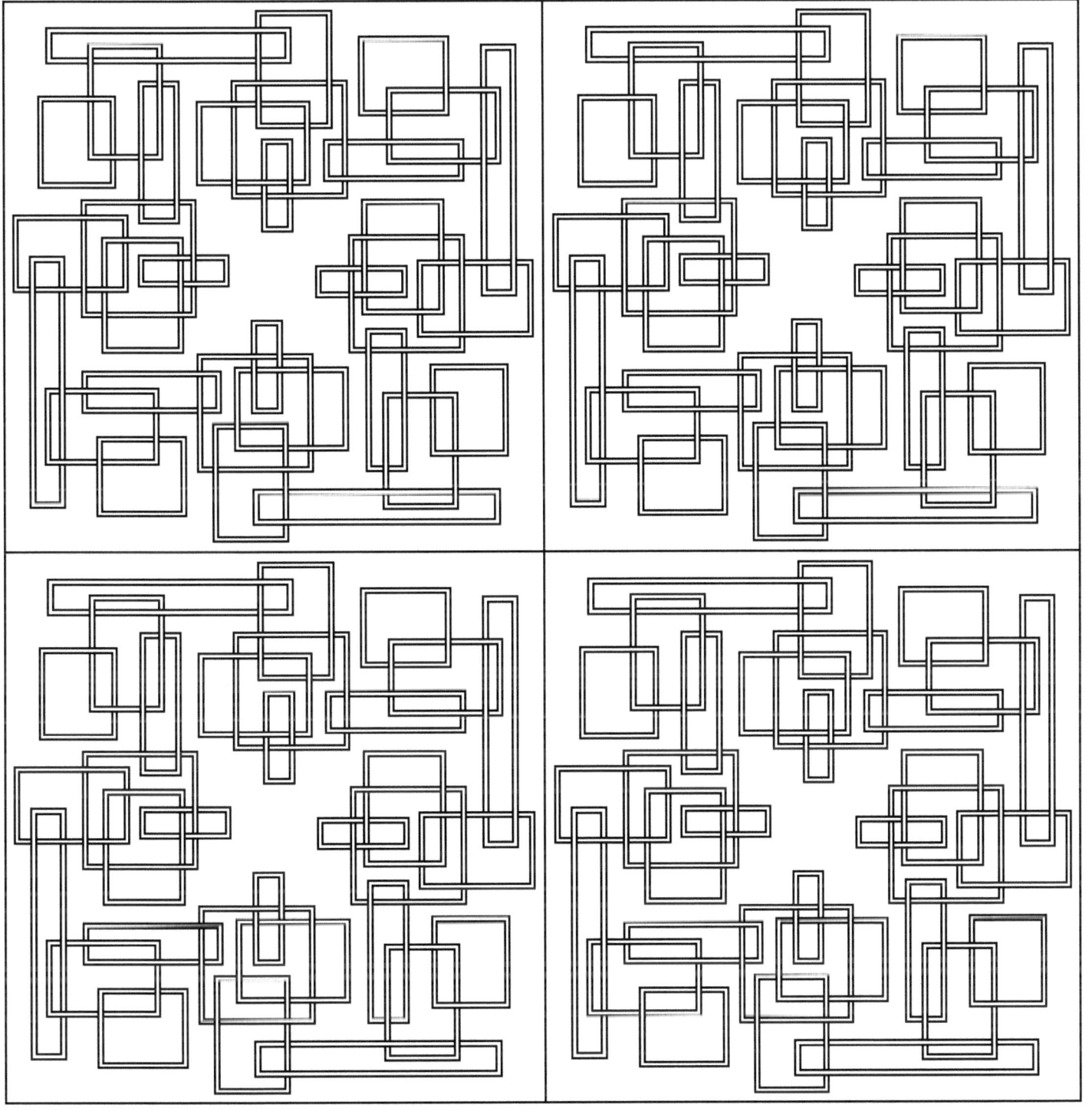